团 体 标 准

沥青路面材料表面能测试规程

Test Regulation for the Surface Energies of Asphalt Pavement Materials

T/CHTS 10181—2025

主编单位:武汉理工大学
发布单位:中国公路学会
实施日期:2025 年 1 月 16 日

人民交通出版社

北京

图书在版编目(CIP)数据

沥青路面材料表面能测试规程 / 武汉理工大学主编.
北京:人民交通出版社股份有限公司,2025.1.
ISBN 978-7-114-20162-2

Ⅰ. U416.217-65

中国国家版本馆 CIP 数据核字第 20252U6A25 号

标准类型:	团体标准
标准名称:	沥青路面材料表面能测试规程
标准编号:	T/CHTS 10181—2025
主编单位:	武汉理工大学
责任编辑:	郭晓旭　韩亚楠
责任校对:	龙　雪
责任印制:	张　凯
出版发行:	人民交通出版社
地　　址:	(100011)北京市朝阳区安定门外外馆斜街3号
网　　址:	http://www.ccpcl.com.cn
销售电话:	(010)85285857
总 经 销:	人民交通出版社发行部
经　　销:	各地新华书店
印　　刷:	北京交通印务有限公司
开　　本:	880×1230　1/16
印　　张:	2.5
字　　数:	57千
版　　次:	2025年1月　第1版
印　　次:	2025年1月　第1次印刷
书　　号:	ISBN 978-7-114-20162-2
定　　价:	36.00元

(有印刷、装订质量问题的图书,由本社负责调换)

中国公路学会文件

公学字〔2025〕2号

中国公路学会关于发布《沥青路面材料表面能测试规程》的公告

现发布中国公路学会标准《沥青路面材料表面能测试规程》(T/CHTS 10181—2025)，自2025年1月16日起实施。

《沥青路面材料表面能测试规程》(T/CHTS 10181—2025)的版权和解释权归中国公路学会所有，并委托主编单位武汉理工大学负责日常解释和管理工作。

中国公路学会

2025年1月2日

前　言

本规程基于表面能理论，在总结国内外沥青路面材料表面能测试方法的研究成果，以及应用经验的基础上编制而成。

本规程按照《中国公路学会标准编写规则》(T/CHTS 10001—2018)编写，本规程共 8 章，主要内容包括：总则、术语和符号、沥青玻片试样制作、插板法、静滴法、蒸气吸附法、修正毛细上升法(饱和溶液法)、修正毛细上升法(干燥法)。

本规程的发布机构提请注意，声明符合本规程时，可能涉及 4.3 与 ZL201610864096.5 道路沥青表面自由能的检测方法，4.4 与 ZL201911247367.2 采用插板法计算沥青材料动态接触角的方法，6.3 与 ZL201510598903.9 道路集料表面能参数的检测方法，7.3 与 ZL201610864097.X 沥青路面填料表面能参数的检测方法相关的专利的使用。本规程的发布机构对于该专利的真实性、有效性和范围无任何立场。该专利持有人已向本规程的发布机构承诺，同意本规程使用者不侵犯其所持有的专利。请注意除上述专利外，本规程的某些内容仍可能涉及专利，本规程的发布机构不承担识别专利的责任。

本规程由武汉理工大学提出，受中国公路学会委托，由其负责具体解释工作。本规程实施过程中，请将发现的问题和意见、建议反馈至武汉理工大学(地址：湖北省武汉市武昌区和平大道 1178 号，联系电话：027-86537997，电子邮箱：rongluo@whut.edu.cn)，供修订时参考。

主编单位：武汉理工大学。

参编单位：湖北交通投资集团有限公司、湖北长江路桥有限公司。

主要起草人：罗蓉、涂崇志、黄婷婷、张世飚、冯光乐、李磊、董华均、王丽静、张德润、罗晶、汪翔、苗强、董甲天、梁宇。

主要审查人：李华、冯德成、白山云、胡小弟、付伟、黄颂昌、杨丽英、汪亚干、周海涛、薛忠军。

目　次

1 总则 ··· 1
2 术语和符号 ·· 2
　2.1 术语 ··· 2
　2.2 符号 ··· 3
3 沥青玻片试样制作 ··· 4
　3.1 目的与适用范围 ·· 4
　3.2 仪具与材料 ··· 4
　3.3 方法与步骤 ··· 4
4 插板法 ··· 6
　4.1 目的与适用范围 ·· 6
　4.2 仪具与材料 ··· 6
　4.3 方法与步骤 ··· 6
　4.4 计算 ··· 8
　4.5 试验误差 ·· 8
5 静滴法 ··· 9
　5.1 目的与适用范围 ·· 9
　5.2 仪具与材料 ··· 9
　5.3 方法与步骤 ··· 10
　5.4 计算 ··· 10
　5.5 试验误差 ·· 10
6 蒸气吸附法 ··· 12
　6.1 目的与适用范围 ·· 12
　6.2 仪具与材料 ··· 12
　6.3 方法与步骤 ··· 13
　6.4 计算 ··· 15
　6.5 试验误差 ·· 17
7 修正毛细上升法（饱和溶液法） ··· 18
　7.1 目的与适用范围 ·· 18
　7.2 仪具与材料 ··· 18
　7.3 方法与步骤 ··· 18
　7.4 计算 ··· 19
　7.5 试验误差 ·· 20
8 修正毛细上升法（干燥法） ·· 21
　8.1 目的与适用范围 ·· 21
　8.2 仪具与材料 ··· 21
　8.3 方法与步骤 ··· 21
　8.4 计算 ··· 21

8.5 试验误差	22
附录 A 测试试剂表面能参数	23
附录 B 表面能计算示例	24
B.1 表面能理论基本原理	24
B.2 沥青表面能计算示例	24
B.3 集料表面能计算示例	25
B.4 填料表面能计算示例	27
用词说明	29

沥青路面材料表面能测试规程

1 总则

1.0.1 为规范、指导沥青路面材料的表面能测试，制定本规程。

1.0.2 本规程适用于沥青、集料、填料等材料的表面能测试。

1.0.3 沥青路面材料表面能测试除应符合本规程的规定外，尚应符合有关法律法规及国家、行业现行有关标准的规定。

2 术语和符号

2.1 术语

2.1.1 表面能　surface energy

恒温、恒压、恒组成情况下，可逆的增加物系表面积需对物质所做的非体积功。

2.1.2 表面能极性分量　polar surface energy

材料表面极性分子间的相互作用能量。

2.1.3 表面能非极性分量　non-polar surface energy

材料表面分子靠近时瞬时偶极矩之间弱吸引力产生的能量。

2.1.4 表面能总量　total surface energy

材料表面能极性分量和非极性分量之和。

2.1.5 插板法　plate method

将待测沥青玻片插入测试试剂，采用表面张力仪测量玻片受力的变化，测定沥青的动态表面能参数的方法。

注：也称威廉姆插板法。

2.1.6 静滴法　sessile drop method

将测试试剂滴到待测沥青玻片表面，采用光学接触角仪测量液滴接触角，测定沥青的静态表面能参数的方法。

2.1.7 蒸气吸附法　vapor adsorption method

采用磁悬浮质量平衡系统，使待测集料吸附测试试剂的蒸气，测量集料质量变化，测定集料表面能参数的方法。

2.1.8 修正毛细上升法　modified capillary rise method

采用表面张力仪，使待测粉末吸收测试试剂，测量粉末质量变化，测定填料等粉末状材料表面能参数的方法，分为饱和溶液法和完全干燥法。

2.1.9 接触角　contact angle

多相材料接触界面处形成的角度。

2.1.10 扩散压力　spreading pressure

集料或填料由于吸附蒸气达到饱和状态前后降低的表面压力。

2.1.11 吸附等温线　adsorption isotherm

集料或外掺剂在等温条件下，蒸气吸附量与蒸气压之间的关系曲线。

2.2 符号

a——沥青玻片沥青涂膜部分的宽度；

b——沥青玻片沥青涂膜部分的厚度；

d、e、f——吸附等温线拟合确定的拟合参数；

h'——沥青玻片浸入测试试剂的深度；

k——线性回归拟合参数；

m^2/t——毛细上升试验 m^2-t 关系图上 AB 直线部分斜率；

n_m——集料对测试试剂蒸气的单分子层饱和吸附量；

n_{tol}——甲苯试剂的黏度；

p_0——测试试剂的饱和蒸气压；

A、B、C——安托尼常数；

I——线性模型的截距；

K——线性模型斜率；

M——测试试剂蒸气的摩尔质量；

N_A——阿伏伽德罗常数，取 6.02×10^{23}/mol；

p_U——吸附阶段测试试剂蒸气压值；

R——理想气体常数，取 8.314 J/(mol·K)；

R_e——填料样品的毛细管合成有效半径；

SSA——集料对测试试剂蒸气的总比表面积；

T——试验温度，绝对温度；

ΔF——沥青玻片浸入测试试剂前后受力差值；

ΔF_0——ΔF_0-h' 关系曲线中 AB 段拟合直线的截距；

α——单个测试试剂蒸气分子在集料表面单分子层的投影面积；

γ_L——测试试剂的表面能总量；

γ_L^{LW}——测试试剂表面能非极性色散分量；

γ_L^-——测试试剂表面能极性碱分量；

γ_L^+——测试试剂表面能极性酸分量；

γ_A^{LW}——沥青表面能非极性色散分量；

γ_A^-——沥青表面能极性碱分量；

γ_A^+——沥青表面能极性酸分量；

γ_M^{LW}——填料表面能非极性色散分量；

γ_M^-——填料表面能极性碱分量；

γ_M^+——填料表面能极性酸分量；

γ_S^{LW}——集料表面能非极性色散分量；

γ_S^-——集料表面能极性碱分量；

γ_S^+——集料表面能极性酸分量；

θ——沥青与测试试剂的接触角；

π_e——集料或填料对试剂的饱和扩散压力；

ρ——试验温度下各蒸气对应液态时的密度；

ρ_{tol}——甲苯试剂密度。

3 沥青玻片试样制作

3.1 目的与适用范围

3.1.1 本方法适用于沥青表面能测试的标准沥青玻片的制作。

3.2 仪具与材料

3.2.1 玻片：尺寸为60mm(长)×24mm(宽)×0.22mm(厚)。

3.2.2 无绒试纸。

3.2.3 喷火枪。

3.2.4 乳胶手套。

3.2.5 隔热手套。

3.2.6 铝盒：尺寸为64mm(直径)×49mm(高)，质量为25g±2g。

3.2.7 铁质搅拌棒。

3.2.8 烘箱：可控温至200℃±1℃。

3.2.9 加热电炉：可控温至200℃±1℃。

3.2.10 干燥箱：尺寸为500mm(长)×400mm(宽)×300mm(厚)。

3.2.11 干燥剂。

3.2.12 沥青玻片存放架。

3.2.13 丙酮：纯度＞99.5%。

3.2.14 蒸馏水：纯度＞99.5%。

3.3 方法与步骤

3.3.1 沥青样品准备应按下列步骤进行：

1 佩戴隔热手套，取300g沥青放置在烘箱中进行加热，基质沥青设定烘箱温度为150℃，加热时间为45min~60min；改性沥青设定烘箱温度为170℃，加热时间为75min~90min，以沥青达到流动状态为宜。

2 加热过程中，每间隔10min用搅拌棒搅拌沥青，使沥青样品受热均匀。

3 同时打开加热炉，并设置与烘箱相同的加热温度进行预热。

4 采用本规程第3.2.5条规定的铝盒进行沥青分装，每种沥青分装3盒，每盒沥青连同铝盒的总质量为110g±5g。分装后将一盒装有沥青的铝盒放在加热炉上，保温至流动状态用以制样，其余装有沥青的铝盒常温放置。

3.3.2 制样前，玻片除杂应按下列步骤进行：

1 使用丙酮冲洗除去玻片表面杂质。

2 使用蒸馏水除去玻片表面残留的丙酮。

3 使用无绒试纸擦净玻片,除去玻片表面残留的蒸馏水,不得留下碎纸屑。

4 使用喷火枪烘烤玻片,除去玻片表面杂质和水分。

3.3.3 沥青玻片试样制作应按下列步骤进行:

1 佩戴乳胶手套,捏住除杂后的玻片末端,将其垂直、缓慢、匀速地插入装有沥青的铝盒中。当玻片被沥青没过 2/3 长度时,以较快的速度匀速垂直取出并翻转倒立,让多余的沥青自然流淌。

2 用无绒试纸擦拭并除去玻片末端流淌下的多余沥青,并检查玻片上端处(顶端往下 20mm 范围内)沥青是否光滑且均匀,将合格沥青玻片放置在玻片存放架上。

3 重复上述步骤,保留表面光滑均匀且无明显气泡的沥青玻片试样,舍弃表面不均匀或气泡过多的沥青玻片试样。

3.3.4 沥青玻片试样养护应符合下列规定:

1 在干燥箱(温度 20℃、湿度 40%)中放入 100g ± 5g 的干燥剂。

2 合格的沥青玻片试样放置在玻片存放架上,置于干燥箱内养护 24h。

4 插板法

4.1 目的与适用范围

4.1.1 本方法适用于测试基质沥青和无明显颗粒物(200目以上)的改性沥青与测试试剂接触角,用于计算沥青表面能。

4.2 仪具与材料

4.2.1 全自动表面张力仪:如图4.2.1所示,量程为1×10^{-3}N/m～2000×10^{-3}N/m,感量为0.002×10^{-3}N/m。

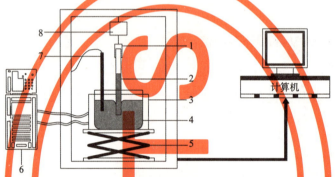

图4.2.1 全自动表面张力仪示意图

1-天平夹具;2-沥青涂膜玻片;3-样品台;4-铝盒+测试试剂;5-自动升降台;6-恒温循环浴;7-温度探针;8-天平

4.2.2 测试试剂:蒸馏水、乙二醇、丙三醇、甲酰胺,纯度＞99.5%,测试试剂的表面能相关参数见附录A。

4.2.3 丙酮:纯度＞99.5%。

4.2.4 无绒试纸。

4.2.5 喷火枪。

4.2.6 乳胶手套。

4.2.7 铝盒:尺寸为64mm(直径)×49mm(高),质量为25g±2g。

4.2.8 铁质搅拌棒。

4.2.9 游标卡尺。

4.2.10 烘箱:可控温至200℃±1℃。

4.2.11 加热电炉:可控温至200℃±1℃。

4.2.12 干燥箱:尺寸为500mm(长)×400mm(宽)×300mm(厚)。

4.2.13 干燥剂。

4.3 方法与步骤

4.3.1 沥青玻片样品及测试试剂准备应满足下列规定:

1 沥青玻片样品制作应符合本规程第 3 章的规定。

2 将测试试剂倒入铝盒中，使液面高度达到铝盒高度的 2/3。

3 每个沥青玻片样品进行试剂接触角测试时，只能测试 1 次，不得重复使用。

4.3.2 接触角测试应按下列步骤进行：

1 将盛有测试试剂的铝盒放置在全自动表面张力仪的样品台上，使用蒸馏水、乙二醇、丙三醇和甲酰胺 4 种测试试剂依次进行测试，测试试剂表面能 γ_L 已知。

2 将表面张力仪外置式温度探针插入试剂中，打开恒温循环浴，控制试剂温度至 20℃。

3 从干燥箱中取出干燥养生好的沥青玻片试样，用游标卡尺测试沥青玻片试样的宽度及厚度，测试截面应靠近玻片浸润试剂区域但不得在其内，如图 4.3.2-1 所示，对每片沥青玻片试样平行测试 3 次，计算并记录宽度和厚度的平均值 a、b。

4 将沥青玻片试样固定在表面张力仪天平夹具上，调节上升装有铝盒的样品台，使测试试剂液面与玻片底端接近但不得接触，并仔细校核调整使二者平行，如图 4.3.2-2 所示。

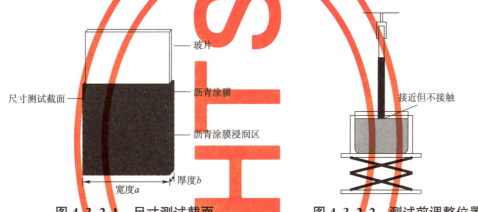

图 4.3.2-1 尺寸测试截面　　　　图 4.3.2-2 测试前调整位置

5 设定样品台以 3mm/min 的恒定速率上升，使沥青玻片缓慢浸入，当浸入深度达到 2mm 时设备开始测试，保持 160s 后完成测试，下降样品台将沥青玻片样品从测试试剂中撤出。

6 记录沥青玻片浸入测试试剂的深度 h'、沥青玻片重力 W 和沥青玻片浸入测试试剂后的受力 F，如图 4.3.2-3 所示，其中，AB 段为浸入阶段，CD 段为撤出阶段。

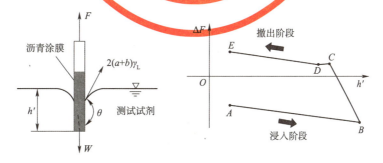

图 4.3.2-3 沥青玻片试样受力示意图

4.4 计算

4.4.1 接触角 θ 按式(4.4.1)计算。

$$\theta = \arccos\left[\frac{\Delta F_0}{2(a+b)\gamma_L}\right] \tag{4.4.1}$$

式中：θ ——测试试剂与沥青的接触角(°)；

ΔF_0 ——图 4.3.2-3 的 ΔF-h' 关系曲线中 AB 段拟合直线的截距(mN)；

a ——沥青玻片沥青涂膜部分的宽度(m)；

b ——沥青玻片沥青涂膜部分的厚度(m)；

γ_L ——测试试剂的表面能(mJ/m²)。

4.4.2 根据蒸馏水、乙二醇、丙三醇和甲酰胺 4 种测试试剂与沥青玻片试样的接触角计算结果，通过方程组(4.4.2)计算沥青表面能参数。

$$\begin{bmatrix} \sqrt{\gamma_{L1}^{LW}} & \sqrt{\gamma_{L1}^{-}} & \sqrt{\gamma_{L1}^{+}} \\ \sqrt{\gamma_{L2}^{LW}} & \sqrt{\gamma_{L2}^{-}} & \sqrt{\gamma_{L2}^{+}} \\ \sqrt{\gamma_{L3}^{LW}} & \sqrt{\gamma_{L3}^{-}} & \sqrt{\gamma_{L3}^{+}} \\ \sqrt{\gamma_{L4}^{LW}} & \sqrt{\gamma_{L4}^{-}} & \sqrt{\gamma_{L4}^{+}} \end{bmatrix} \begin{bmatrix} \sqrt{\gamma_A^{LW}} \\ \sqrt{\gamma_A^{+}} \\ \sqrt{\gamma_A^{-}} \end{bmatrix} = \begin{bmatrix} \frac{1}{2}(1+\cos\theta_1)\gamma_{L1} \\ \frac{1}{2}(1+\cos\theta_2)\gamma_{L2} \\ \frac{1}{2}(1+\cos\theta_3)\gamma_{L3} \\ \frac{1}{2}(1+\cos\theta_4)\gamma_{L4} \end{bmatrix} \tag{4.4.2}$$

式中：γ_{L1}^{LW}、γ_{L2}^{LW}、γ_{L3}^{LW}、γ_{L4}^{LW} ——4 种测试试剂的表面能非极性色散分量(mJ/m²)，其值见附录A；

γ_{L1}^{+}、γ_{L2}^{+}、γ_{L3}^{+}、γ_{L4}^{+} ——4 种测试试剂的表面能极性酸分量(mJ/m²)，其值见附录A；

γ_{L1}^{-}、γ_{L2}^{-}、γ_{L3}^{-}、γ_{L4}^{-} ——4 种测试试剂的表面能极性碱分量(mJ/m²)，其值见附录A；

γ_{L1}、γ_{L2}、γ_{L3}、γ_{L4} ——4 种测试试剂的表面能总量(mJ/m²)，其值见附录A；

θ_1、θ_2、θ_3、θ_4 ——4 种测试试剂与沥青的接触角(°)；

γ_A^{LW}、γ_A^{+}、γ_A^{-} ——待测沥青的表面能非极性色散分量、极性酸分量和极性碱分量(mJ/m²)。

4.4.3 计算示例见附录 B.2。

4.5 试验误差

4.5.1 对于同种类沥青样品，每种测试试剂应至少重复测试 3 次，每次测试应采用同种类沥青的不同玻片样品。

4.5.2 计算 3 次测试结果的均值和变异系数，评估试验精度及准确性，并应符合下列要求：

1 变异系数小于或等于 10% 时，接触角取 3 次测试结果的平均值。

2 变异系数大于 10% 时，应增加测试次数，直至测试结果的变异系数小于或等于 10%，取所有测试结果的平均值。

5 静滴法

5.1 目的与适用范围

5.1.1 本方法适用于测试基质沥青和无明显颗粒物（200目以上）改性沥青静态接触角，用于计算沥青表面能。

5.2 仪具与材料

5.2.1 光学接触角仪：量程为0°～180°，感量为0.1°，该仪器如图5.2.1所示。

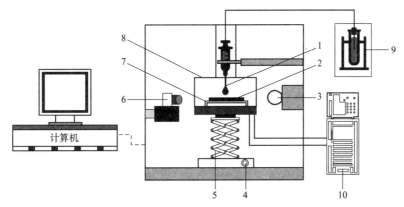

图 5.2.1 光学接触角仪示意图

1-滴液针管；2-沥青涂膜玻片；3-LED背光灯；4-升降旋钮；5-升降台；6-高速工业相机；7-试样支架；8-试验仓；9-试剂瓶及试剂仓；10-恒温循环浴

5.2.2 玻片：尺寸为60mm（长）×24mm（宽）×0.22mm（厚）。

5.2.3 测试试剂：蒸馏水、乙二醇、丙三醇、甲酰胺，纯度＞99.5%，试剂的表面能相关参数见附录A。

5.2.4 丙酮：纯度＞99.5%。

5.2.5 无绒试纸。

5.2.6 喷火枪。

5.2.7 乳胶手套。

5.2.8 铝盒：尺寸为64mm（直径）×49mm（高）。

5.2.9 铁质搅拌棒。

5.2.10 烘箱：可控温至200℃±1℃。

5.2.11 加热电炉：可控温至200℃±1℃。

5.2.12 干燥箱：尺寸为500mm（长）×400mm（宽）×300mm（厚）。

5.2.13 干燥剂。

5.3 方法与步骤

5.3.1 沥青玻片样品制作应符合本规程第 3 章的规定。每个沥青玻片样品只能测试 1 次，不得重复使用。

5.3.2 接触角测试应按下列步骤进行：

1 打开光学接触角仪，将测试试剂注入光学接触角仪的试剂瓶内，并将滴定注射器的吸管插入试剂瓶。

2 将沥青玻片水平放置在支架上，一同放入试验仓中，调整玻片水平及位置，以使液滴可滴落在玻片试样表面。

3 设置恒温循环浴，控制试验仓温度至 20℃。

4 操作滴定针管释放液滴，宜采用液滴释放速率为 $1\mu L/min$，滴液体积为 $0.5\mu L$，滴出的液滴应悬空但不滴落。

5 上升平台接触液滴，由液滴与沥青玻片接触瞬间的接触点，获得一条平行于玻片的直线作为基线，如图 5.3.2-1 所示。

6 待液滴形态稳定后对图像进行裁切，采用 1/2 圆弧对液滴外形轮廓进行拟合，获得液滴轮廓与基线交点处形成的稳定接触角，如图 5.3.2-2 所示，取左右两侧接触角的平均值作为接触角测试值。

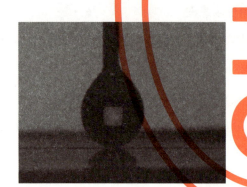 

图 5.3.2-1 液滴与沥青玻片接触瞬间图　　图 5.3.2-2 液滴外形轮廓拟合示例图

5.4 计算

5.4.1 静滴法测量得到沥青与 4 种测试试剂接触角后，按本规程第 4.4.2 条计算沥青表面能参数。

5.4.2 计算示例见附录 B.2。

5.5 试验误差

5.5.1 对于同种类沥青样品，每种测试试剂应至少重复测试 3 次，每次测试应采用同种类沥青的不同玻片样品。

5.5.2 计算 3 次测试结果的均值和变异系数,评估试验精度及准确性,并应符合下列要求：

1 变异系数小于或等于 10%时,接触角取 3 次测试结果的平均值。

2 变异系数大于 10%时,应增加测试次数,直至测试结果的变异系数小于或等于 10%,取所有测试结果的平均值。

6 蒸气吸附法

6.1 目的与适用范围

6.1.1 本方法适用于测试粒径范围为2.36mm～4.75mm的集料表面扩散压力,用于计算集料表面能。

6.2 仪具与材料

6.2.1 磁悬浮质量平衡系统:称量频率为5次/min,量程为0mg～4000mg,感量为0.1mg,该仪器如图6.2.1所示。

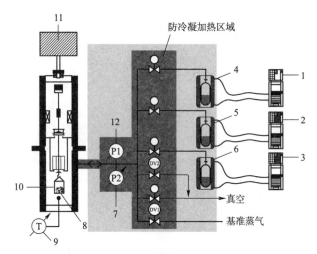

图 6.2.1 磁悬浮质量平衡系统示意图

1、2、3-恒温循环浴;4、5、6-蒸气压力容器单元;7-小量程压力传感器,量程为0Pa～10000Pa;8-样品腔;9-温度传感器;10-样品桶;11-磁悬浮天平;12-大量程压力传感器,量程为0Pa～100000Pa

6.2.2 测试试剂:蒸馏水、2-戊酮、甲苯,纯度＞99.5%,试剂的表面能相关参数见附录A。

6.2.3 注射器:规格为20mL,用于将测试试剂注入蒸气压力容器单元试剂瓶。

6.2.4 丙酮:纯度＞99.5%。

6.2.5 液氮。

6.2.6 防冻手套。

6.2.7 不锈钢圆柱体盛液桶:105mm(直径)×235mm(高)。

6.2.8 保温套。

6.2.9 标准筛:孔径为2.36mm。

6.2.10 烘箱:可控温至200℃±1℃。

6.2.11 乳胶手套。

6.2.12 干燥箱:尺寸为500mm(长)×400mm(宽)×300mm(厚)。

6.2.13 干燥剂。

6.3 方法与步骤

6.3.1 集料准备应按下列步骤进行：

1 筛分得到粒径为2.36mm～4.75mm的集料颗粒，称取质量为5g±0.5g的集料样品3份。

2 将清洗干净的集料置于150℃的烘箱内加热干燥，时间不少于4h。烘干后的集料放在干燥箱中12h自然冷却。

6.3.2 试剂准备应按下列步骤进行：

1 取蒸馏水、2-戊酮、甲苯三种试剂作为测试试剂。

2 取下蒸气压力容器单元的试剂瓶，注入适量测试试剂，冲洗试剂瓶。

3 向试剂瓶中注入15mL测试试剂。

4 将试剂瓶装入磁悬浮重量平衡系统的蒸气压力容器单元，使用液氮对装有测试试剂的试剂瓶进行急速降温。

5 待温度降至测试试剂熔点（表6.3.2）以下时，对试剂瓶进行真空处理，其时间不少于15min。

表6.3.2 测试试剂熔点

试剂	熔点(℃)	试剂	熔点(℃)
蒸馏水	0	甲苯	−95
2-戊酮	−78		

6.3.3 样品桶称量应按下列步骤进行：

1 使用丙酮清洗磁悬浮质量平衡系统的样品桶。

2 取下保温套，升起磁悬浮天平，将清洗后的样品桶挂于磁悬浮天平挂钩上，人工调平至数据稳定。

3 将挂有样品桶的磁悬浮天平下降至样品腔，再次调平天平，并旋紧螺母、密闭反应腔，装回保温套。样品桶示意图如图6.3.3所示。

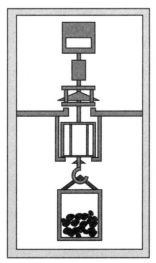

图6.3.3 样品桶示意图

4 设置称量样品桶的温度,应使样品桶的称量温度与吸附蒸气温度一致。

5 称量样品桶的时间设置为30min,其中相邻两次质量差小于1×10^{-4}g时,终止试验,并记录样品桶质量m_0。

6.3.4 集料除杂称量应按下列步骤进行:

1 向样品腔注入氮气至一个标准大气压后取出样品桶。

2 将洁净干燥的集料装入样品桶,挂在磁悬浮天平挂钩上,调平磁悬浮天平。

3 将挂有集料样品的磁悬浮天平下降至样品腔,再次调平天平,密闭反应腔,装回保温套。

4 设置样品腔温度为150℃,对样品腔抽真空,时间不少于6h,且30min内质量差小于1×10^{-4}g时,终止试验,并记录样品桶和集料的总质量m_S。

6.3.5 多阶蒸气吸附试验应按下列步骤进行:

1 按表6.3.5-1确定测试试剂的饱和蒸气压p_0。

表6.3.5-1 三种测试试剂的安托尼常数及饱和蒸气压(20℃)

测试试剂	安托尼常数			饱和蒸气压p_0(Pa)
	A	B	C	
蒸馏水	5.1963	1730.6300	233.4260	2330
2-戊酮	4.0249	1274.6000	210.9100	3199
甲苯	4.0795	1344.8000	219.4800	2911

2 多阶蒸气吸附试验应按下列步骤进行:

1) 按表6.3.5-2在$0 \sim p_0$范围内设置10阶蒸气压力,依次进行吸附试验,测量各阶蒸气压下集料样品和吸附蒸气总质量$m_1 \sim m_{10}$。

表6.3.5-2 三种测试试剂的10阶蒸气压力值及p/p_0比值(20℃)

蒸馏水($p_0=2330$Pa)										
压力p_U(Pa)	0	300	500	700	800	900	1200	1500	1800	2100
比值	0	0.13	0.21	0.30	0.34	0.39	0.52	0.64	0.77	0.90
吸附平衡时间(min)	100	360	360	240	240	240	240	240	240	240
2-戊酮($p_0=3199$Pa)										
压力p_U(Pa)	0	300	600	800	1000	1200	1600	2000	2400	2800
比值	0	0.09	0.19	0.25	0.31	0.38	0.50	0.63	0.75	0.88
吸附平衡时间(min)	100	360	360	240	240	240	240	240	240	240
甲苯($p_0=2911$Pa)										
压力p_U(Pa)	0	300	500	700	900	1100	1500	2000	2300	2600
比值	0	0.10	0.17	0.24	0.31	0.38	0.52	0.69	0.79	0.89
吸附平衡时间(min)	100	360	360	240	240	240	240	240	240	240

注:吸附平衡时间指试验样品从开始吸附测试试剂到饱和所需要的时间。

2) 每一阶吸附过程中,当30min内质量变化幅度小于或等于1×10^{-4}g时,进行下一阶吸附操作,否则应延长本阶吸附时间直至满足上述要求,记录每阶吸附稳定时天平称量质量。

6.4 计算

6.4.1 集料对测试试剂蒸气的比表面积SSA的确定应按下列步骤进行:

1 以x_U为横坐标、y_U为纵坐标、k为拟合参数进行规划求解,按式(6.4.1-1)和式(6.4.1-2)分别计算各阶蒸气压下的x_U、y_U:

$$x_U = \frac{p_U}{p_0} \tag{6.4.1-1}$$

$$y_U = \frac{p_U}{n_U(kp_0 - p_U)} \tag{6.4.1-2}$$

式中:x_U——测试试剂的各阶蒸气压值与饱和蒸气压之比;

y_U——由拟合参数k所确定,与x_U呈线性关系的值;

p_U——测试试剂的各阶蒸气压值(Pa);

p_0——测试试剂的饱和蒸气压(Pa);

n_U——各阶测试试剂蒸气压p_U下单位质量集料吸附蒸气质量,$n_U = (m_U - m_S)/(m_S - m_0)$,$U = 1, 2, \cdots$,g/g;

k——拟合参数,初始取值可任意取值,建议取0.001。

2 以线性相关系数r最大为规划求解目标,得到线性表达式的斜率K和截距I,如图6.4.1所示。线性相关系数r按式(6.4.1-3)计算:

$$r(x_U, y_U) = \frac{\sum\limits_{U=1}^{10}(x_U - \bar{x})(y_U - \bar{y})}{\sqrt{\sum\limits_{U=1}^{10}(x_U - \bar{x})^2 \sum\limits_{U=1}^{10}(y_U - \bar{y})^2}} \tag{6.4.1-3}$$

式中:r——线性相关系数;

$\bar{x}$——$\sum\limits_{1}^{10}\frac{x_U}{10}$;

$\bar{y}$——$\sum\limits_{1}^{10}\frac{y_U}{10}$。

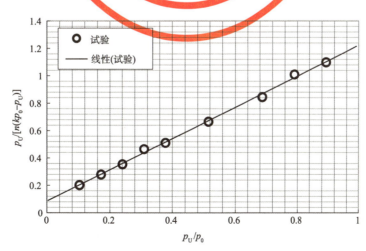

图6.4.1 x_U与y_U线性关系示意图

3 按式(6.4.1-4)计算集料对测试试剂蒸气的单分子层饱和吸附量 n_m：

$$n_m = \frac{1}{Kk+I} \quad (6.4.1-4)$$

式中：n_m——单分子层饱和吸附量(g/g)；
  K——线性模型的斜率；
  I——线性模型的截距。

4 按式(6.4.1-5)计算集料对测试试剂蒸气的比表面积 SSA：

$$\text{SSA} = \left(\frac{n_m N_A}{M}\right)\alpha = \frac{N_A}{M(Kk+I)}\alpha \quad (6.4.1-5)$$

式中：SSA——集料对测试试剂蒸气的总比表面积(m^2/g)；
  N_A——阿伏伽德罗常数，取 6.02×10^{23}/mol；
  M——测试试剂蒸气的摩尔质量(g/mol)；
  α——单个测试试剂蒸气分子在集料表面单分子层的投影面积，m^2，按式(6.4.1-6)计算：

$$\alpha = 1.091 \cdot \left(\frac{M}{N_A \rho}\right)^{\frac{2}{3}} \quad (6.4.1-6)$$

式中：ρ——试验温度下各蒸气对应液态时的试剂密度(g/m^3)。

6.4.2 按以下步骤计算集料的表面扩散压力：

1 按式(6.4.2-1)所示的 Dubinin-Astakhov 模型(D-A 模型)进行集料吸附等温线拟合：

$$n = d\exp\left\{-e\left[\ln\left(\frac{p_0}{p}\right)^f\right]\right\} \quad (6.4.2-1)$$

式中：n——单位质量集料对各阶测试试剂蒸气吸附量(g/g)；
  d、e、f——模型拟合参数，根据蒸气吸附试验数据拟合确定，非负数。

2 集料对测试试剂的扩散压力 π_e 按式(6.4.2-2)计算：

$$\pi_e = \frac{RT}{M(\text{SSA})} \int_0^{p_0} \frac{n}{p} dp \quad (6.4.2-2)$$

式中：π_e——扩散压力(mJ/m^2)；
  R——理想气体常数，取 $8.314 J/(mol \cdot K)$；
  T——试验温度(绝对温度，K)。

6.4.3 集料表面能参数按方程组(6.4.3)求解：

$$\begin{bmatrix} \sqrt{\gamma_{L1}^{LW}} & \sqrt{\gamma_{L1}^{-}} & \sqrt{\gamma_{L1}^{+}} \\ \sqrt{\gamma_{L2}^{LW}} & \sqrt{\gamma_{L2}^{-}} & \sqrt{\gamma_{L2}^{+}} \\ \sqrt{\gamma_{L3}^{LW}} & \sqrt{\gamma_{L3}^{-}} & \sqrt{\gamma_{L3}^{+}} \end{bmatrix} \begin{bmatrix} \sqrt{\gamma_S^{LW}} \\ \sqrt{\gamma_S^{-}} \\ \sqrt{\gamma_S^{+}} \end{bmatrix} = \begin{bmatrix} \frac{\pi_{e1}}{2} + \gamma_{L1} \\ \frac{\pi_{e2}}{2} + \gamma_{L2} \\ \frac{\pi_{e3}}{2} + \gamma_{L3} \end{bmatrix} \quad (6.4.3)$$

式中：γ_{L1}^{LW}、γ_{L2}^{LW}、γ_{L3}^{LW}——3 种测试试剂的表面能非极性色散分量(mJ/m^2)，其值见附录 A；
  γ_{L1}^{-}、γ_{L2}^{-}、γ_{L3}^{-}——3 种测试试剂的表面能极性碱分量(mJ/m^2)，其值见附录 A；
  γ_{L1}^{+}、γ_{L2}^{+}、γ_{L3}^{+}——3 种测试试剂的表面能极性酸分量(mJ/m^2)，其值见附录 A；
  γ_{L1}、γ_{L2}、γ_{L3}——3 种测试试剂的表面能总量(mJ/m^2)，其值见附录 A；

π_{e1}、π_{e2}、π_{e3}——集料对三种测试试剂蒸气的饱和扩散压力(mJ/m^2);

γ_S^{LW}、γ_S^+、γ_S^-——待测集料的表面能非极性色散分量、极性酸分量和极性碱分量(mJ/m^2)。

6.4.4 计算示例见附录 B.3。

6.5 试验误差

6.5.1 对于同种类集料样品,每种测试试剂应至少重复测试3次。

6.5.2 计算3次测试结果的均值和变异系数,评估试验精度及准确性,并应符合下列要求:

1 变异系数小于或等于10%时,接触角取3次测试结果的平均值。

2 变异系数大于10%时,应增加测试次数,直至测试结果的变异系数小于或等于10%,取所有测试结果的平均值。

7 修正毛细上升法(饱和溶液法)

7.1 目的与适用范围

7.1.1 本方法适用于测试填料的表面扩散压力,用以计算填料的表面能。

7.2 仪具与材料

7.2.1 全自动表面张力仪:量程 1×10^{-3}N～200×10^{-3}N,感量 0.1×10^{-3}N。

7.2.2 测试试剂:甲苯、2-戊酮、甲酰胺、正己烷,纯度大于 99.5%,试剂的表面能相关参数见附录A。

7.2.3 丙酮:纯度大于 99.5%。

7.2.4 烘箱:可控温至 200℃±1℃。

7.2.5 干燥箱2台:尺寸为 500mm(长)×400mm(宽)×300mm(厚)。

7.2.6 干燥剂。

7.2.7 乳胶手套。

7.2.8 铝盒:尺寸为 64mm(直径)×49mm(高)。

7.2.9 高精度分析天平:感量 0.1mg。

7.3 方法与步骤

7.3.1 准备12个铝盒分别盛放甲苯、2-戊酮、甲酰胺、正己烷四种测试试剂,每种试剂3个铝盒,其液面高度为铝盒高度的2/3。

7.3.2 填料样品烘干与养生符合下列要求:

1 将质量为70g的填料样品,置于150℃的烘箱中加热至少8h,再将填料样品移至20℃的带有干燥剂的密封干燥箱中。

2 从干燥后的70g填料样品中取20g,置于20℃存放有甲苯试剂的密封干燥箱中养生。每间隔30min称量一次填料样品的质量,直至样品质量变化小于或等于0.001g。

7.3.3 填料样品装样应按下列步骤进行:

1 分别称取干燥填料样品9份和甲苯养生后的填料样品3份,每份样品质量为 5g±0.001g。

2 装样前应在金属圆筒底端放置一张试纸,填料颗粒无漏出。

3 每份样品分两次装入金属圆筒,每次振捣填料样品30次。

4 装样并振捣完成后,旋紧金属圆筒螺杆。

7.3.4 毛细上升法测试应按下列步骤进行:

1 打开全自动表面张力仪,设置温度为20℃。

2 将装有测试试剂的铝盒置于全自动表面张力仪样品台上。

3 将装有填料样品的金属圆筒固定在表面张力仪天平夹具上,缓慢上升样品台至圆柱筒底端与测试试剂表面尽量靠近,但不能直接接触。

4 测试过程中设定浸入深度 1mm,保持时间 600s。

5 启动测试程序,当圆柱筒底端浸入测试试剂 1mm 后,称量并记录测试时间内填料吸收测试试剂的质量 m。

6 绘制 m^2 随测试时间 t 的变化曲线,如图 7.3.4 所示,当曲线逐渐趋向平缓时,可提前终止试验。

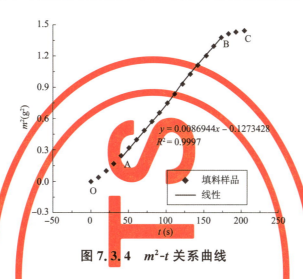

图 7.3.4 $m^2\text{-}t$ 关系曲线

7 对干燥填料样品按上述步骤,分别进行正己烷、2-戊酮、甲酰胺的毛细上升试验;对甲苯饱和养生后的填料样品按上述步骤,进行甲苯的毛细上升试验。对于同种类填料样品,每种测试试剂进行 3 次平行试验。

7.4 计算

7.4.1 根据甲苯饱和养生填料样品对甲苯试剂的毛细上升试验数据,绘制如图 7.3.4 所示的 $m_{\text{tol}}^2\text{-}t$ 关系图,选取毛细运动稳定阶段(AB 段)的 m_{tol}^2/t 直线斜率值,按式(7.4.1)计算填料样品的毛细管合成有效半径 R_e:

$$R_e = \sqrt[5]{\frac{2\eta_{\text{tol}}}{\pi^2 \rho_{\text{tol}}^2 \gamma_{\text{tol}}} \cdot m_{\text{tol}}^2/t} \tag{7.4.1}$$

式中:R_e——毛细管合成有效半径(m);

η_{tol}——甲苯试剂的黏度(Pa·s);

ρ_{tol}——甲苯试剂的密度(g/m³);

γ_{tol}——甲苯试剂的表面能(mJ/m²);

m_{tol}^2/t——甲苯饱和养生填料样品对甲苯试剂毛细上升试验的 $m^2\text{-}t$ 关系图上 AB 直线部分斜率。

7.4.2 分别确定干燥填料样品对正己烷、2-戊酮、甲酰胺试剂的 $m_L^2\text{-}t$ 直线斜率值 m_L^2/t。各测试试剂的饱和扩散压力 $\pi_{e(\text{ML})}$ 按式(7.4.2)计算:

$$\pi_{e(\text{ML})} = \frac{2\eta_L}{\pi^2 R_e^5 \rho_L^2} \cdot m_{\text{tol}}^2/t \tag{7.4.2}$$

式中：$\pi_{e(ML)}$ ——测试试剂的饱和扩散压力(mJ/m^2)；
　　　η_L ——测试试剂的黏度($Pa·s$)；
　　　R_e ——填料样品的毛细管合成有效半径(m)；
　　　ρ_L ——测试试剂的密度(g/m^3)；
　　　m_L^2/t ——干燥填料样品对测试试剂毛细上升试验的 m^2-t 的关系图上 AB 直线部分斜率。

7.4.3 填料表面能参数按方程组(7.4.3)计算。

$$\begin{bmatrix} \sqrt{\gamma_{L1}^{LW}} & \sqrt{\gamma_{L1}^-} & \sqrt{\gamma_{L1}^+} \\ \sqrt{\gamma_{L2}^{LW}} & \sqrt{\gamma_{L2}^-} & \sqrt{\gamma_{L2}^+} \\ \sqrt{\gamma_{L3}^{LW}} & \sqrt{\gamma_{L3}^-} & \sqrt{\gamma_{L3}^+} \end{bmatrix} \begin{bmatrix} \sqrt{\gamma_M^{LW}} \\ \sqrt{\gamma_M^-} \\ \sqrt{\gamma_M^+} \end{bmatrix} = \begin{bmatrix} \dfrac{\pi_{e(ML)1}}{2}+\gamma_{L1} \\ \dfrac{\pi_{e(ML)2}}{2}+\gamma_{L2} \\ \dfrac{\pi_{e(ML)3}}{2}+\gamma_{L3} \end{bmatrix} \quad (7.4.3)$$

式中：γ_{L1}^{LW}、γ_{L2}^{LW}、γ_{L3}^{LW} ——3 种测试试剂的表面能非极性色散分量(mJ/m^2)，其值见附录 A；
　　　γ_{L1}^-、γ_{L2}^-、γ_{L3}^- ——3 种测试试剂的表面能极性碱分量(mJ/m^2)，其值见附录 A；
　　　γ_{L1}^+、γ_{L2}^+、γ_{L3}^+ ——3 种测试试剂的表面能极性酸分量(mJ/m^2)，其值见附录 A；
　　　γ_{L1}、γ_{L2}、γ_{L3} ——3 种测试试剂的表面能总量(mJ/m^2)，其值见附录 A；
　　　$\pi_{e(ML)1}$、$\pi_{e(ML)2}$、$\pi_{e(ML)3}$ ——干燥填料对 3 种测试试剂的饱和扩散压力(mJ/m^2)；
　　　γ_M^{LW}、γ_M^+、γ_M^- ——待测填料的表面能非极性色散分量、极性酸分量和极性碱分量(mJ/m^2)。

7.4.4 计算示例见附录 B.4。

7.5 试验误差

7.5.1 对于同种类填料样品，每种测试试剂的毛细上升试验应至少重复测试 3 次。

7.5.2 计算 3 次测试结果的均值和变异系数，评估试验精度及准确性，并应符合下列要求：

1　变异系数小于或等于 10% 时，接触角取 3 次测试结果的平均值。

2　变异系数大于 10% 时，应增加测试次数，直至测试结果的变异系数小于或等于 10%，取所有测试结果的平均值。

8 修正毛细上升法（干燥法）

8.1 目的与适用范围

8.1.1 本方法适用于测试填料的表面扩散压力，用以计算填料的表面能。

8.2 仪具与材料

8.2.1 全自动表面张力仪：量程 1×10^{-3}N～200×10^{-3}N，感量 0.1×10^{-3}N。

8.2.2 磁悬浮质量平衡系统：称量频率5次/min，感量0.1mg，量程0mg～4000mg。

8.2.3 测试试剂：甲苯、2-戊酮、甲酰胺、正己烷，纯度大于99.5%，试剂的表面能相关参数见附录A。

8.2.4 丙酮：纯度大于99.5%。

8.2.5 烘箱：可控温至200℃±1℃。

8.2.6 干燥箱：尺寸为500mm（长）×400mm（宽）×300mm（厚）。

8.2.7 干燥剂。

8.2.8 乳胶手套。

8.2.9 铝盒：尺寸为64mm（直径）×49mm（高）。

8.3 方法与步骤

8.3.1 准备12个铝盒，分别盛放甲苯、2-戊酮、甲酰胺、正己烷4种测试试剂，每种试剂装入3个铝盒，其液面高度为铝盒高度的2/3。

8.3.2 将质量为70g的填料样品，置于150℃的烘箱中加热不少于8h，再将填料样品移至20℃带有干燥剂的密封干燥箱中。

8.3.3 对干燥后的填料样品，应分别进行4种测试试剂的毛细上升试验。其装样和测试步骤应符合本规程第7.3.3条和第7.3.4条的规定。

8.3.4 按本规程第6.3节的规定进行甲苯试剂蒸气吸附试验。

8.4 计算

8.4.1 毛细管合成有效半径按下列步骤计算：

1 按本规程第6.4.1条计算填料样品对甲苯试剂蒸气的比表面积SSA。

2 按本规程第6.4.2条计算填料对甲苯试剂蒸气的表面扩散压力 $\pi_{e,tol}$。

3 按本规程第7.4节的方法确定干燥填料样品对甲苯试剂的 m_{tol}^2/t 值，填料的毛细管合成有效半径 R_e 按式（8.4.1）计算：

$$R_e = \sqrt[5]{\frac{2\eta_{tol}}{\pi^2 \rho_{tol}^2 \pi_{e,tol}} \cdot m_{tol}^2/t} \tag{8.4.1}$$

式中：R_e——填料的毛细管合成有效半径(mm)；

　　　η_{tol}——甲苯试剂的黏度(Pa·s)；

　　　ρ_{tol}——甲苯试剂的密度(g/m³)；

　　　$\pi_{e,tol}$——填料样品对甲苯试剂的表面扩散压力(mJ/m²)；

　　　m_{tol}^2/t——干燥填料样品对甲苯试剂毛细上升试验的 m^2-t 关系图示上 AB 直线部分斜率。

8.4.2 根据式(8.4.1)得到的 R_e，按本规程第 7.4 节中式(7.4.2)计算填料样品对其余各测试试剂的饱和扩散压力 $\pi_{e(ML)}$。

8.4.3 按本规程第 7.4 节中方程组(7.4.3)计算填料表面能参数。

8.5　试验误差

8.5.1 对于同种类填料样品，每种测试试剂的毛细上升试验应至少重复测试 3 次。

8.5.2 计算 3 次测试结果的均值和变异系数，评估试验精度及准确性，并应符合下列要求：

　　1　变异系数小于或等于 10% 时，接触角取 3 次测试结果的平均值。

　　2　变异系数大于 10% 时，应增加测试次数，直至测试结果的变异系数小于或等于 10%，取所有测试结果的平均值。

附录 A 测试试剂表面能参数

表 A.1 测试试剂表面能参数

试剂名称	密度(g/cm³)	表面能参数(mJ/m²)			
		γ_L^{LW}	γ_L^+	γ_L^-	γ_L
蒸馏水	1.000	21.800	25.500	25.500	72.800
甲酰胺	1.134	39.000	2.280	39.600	58.000
乙二醇	1.113	29.000	3.000	30.100	48.000
丙三醇	1.261	34.000	3.920	57.400	64.000
甲苯	0.867	31.990	0.000	0.000	2.700
2-戊酮	0.809	29.110	0.000	0.000	19.200
正己烷	0.661	18.400	0.000	0.000	18.400

注：表面能参数符号的上标 LW、+、− 分别代表非极性色散分量、极性酸分量、极性碱分量，下标 L 代表测试试剂。

附录 B 表面能计算示例

B.1 表面能理论基本原理

B.1.1 表面能理论及测试方法可用于评估沥青路面材料表面和界面性能，通过测量沥青路面材料的表面能指标来评估其黏附性、耐老化性和耐水性等关键性能。这项测试对于道路材料选择、路面使用寿命延长和提高路面质量具有重要意义。

B.1.2 本规程中涉及的表面能理论计算基于 Good-van-Oss-Chaudhury（GvOC）表面能理论，即认为沥青或集料的表面能总量包括极性分量和非极性分量两个部分，其中极性分量分为极性酸分量和极性碱分量。表面能总量和分量间的关系如式（B.1.2-1）和式（B.1.2-2）所示：

$$\gamma_A = \gamma_A^{LW} + \gamma_A^{AB} = \gamma_A^{LW} + 2\sqrt{\gamma_A^+ \gamma_A^-} \qquad (B.1.2-1)$$

$$\gamma_S = \gamma_S^{LW} + \gamma_S^{AB} = \gamma_S^{LW} + 2\sqrt{\gamma_S^+ \gamma_S^-} \qquad (B.1.2-2)$$

式中：γ_A、γ_S——沥青或集料表面能总量（mJ/m^2）；

γ_A^{LW}、γ_S^{LW}——沥青或集料表面能非极性分量（mJ/m^2）；

γ_A^{AB}、γ_S^{AB}——沥青或集料表面能极性分量（mJ/m^2），且 $\gamma_A^{AB} = 2\sqrt{\gamma_A^+ \gamma_A^-}$，$\gamma_S^{AB} = 2\sqrt{\gamma_S^+ \gamma_S^-}$；

γ_A^+、γ_S^+——沥青或集料表面能极性酸分量（mJ/m^2）；

γ_A^-、γ_S^-——沥青或集料表面能极性碱分量（mJ/m^2）。

B.2 沥青表面能计算示例

B.2.1 沥青表面能计算示例适用于本规程第 4 章和第 5 章。

B.2.2 对于试剂可在待测固体（以沥青为例）表面形成稳定接触角的情况，受力界面满足式（B.2.2）的 Young 方程：

$$\gamma_A = \gamma_L \cos\theta + \gamma_{AL} \qquad (B.2.2)$$

式中：γ_A——沥青表面能总量（mJ/m^2）；

γ_L——测试试剂的表面能（mJ/m^2）；

θ——沥青与测试试剂的接触角（°）；

γ_{AL}——沥青与测试试剂间的界面张力（mJ/m^2）。

B.2.3 依据本规程第 4.4.1 节中式（4.4.1）计算得到沥青涂膜玻片与测试试剂之间形成的接触角。接触角是求解沥青材料表面能参数必需的数据。获取已知表面能的测试试剂与沥青之间的接触角数据后，根据本规程方程组式（4.4.2）计算沥青表面能参数。

B.2.4 以一组接触角测量数据为例，计算待测沥青的表面能：

1 该组接触角数据测试时使用的测试试剂为蒸馏水、甲酰胺、乙二醇和丙三醇，试验温度为 20℃，试验确定的接触角均值见表 B.2.4-1。

表 B.2.4-1 沥青玻片与测试试剂接触角 θ 测试结果

试剂名称	蒸馏水	甲酰胺	乙二醇	丙三醇
接触角测试均值（°）	106.30	87.81	78.26	96.22

2 将上述测量的4个接触角及各试剂对应的表面能代入本规程方程组(4.4.2)并求解。待测沥青表面能参数计算结果见表 B.2.4-2。

表 B.2.4-2 沥青表面能参数

沥青种类	表面能参数(mJ/m^2)				
	γ_A^{LW}	γ_A^+	γ_A^-	γ_A^{AB}	γ_A
待测沥青	15.69	0.49	0.62	1.10	16.79

B.3 集料表面能计算示例

B.3.1 集料表面能计算示例适用于本规程第6章。

B.3.2 采用蒸气吸附法进行集料表面能测试,测试试剂为甲苯、蒸馏水、2-戊酮,按式(B.3.2)计算每种测试试剂在20℃下的饱和蒸气压 p_0,在 $0 \sim p_0$ 范围内设置10阶蒸气压,并计算 p_U/p_0 比值。

$$p_0 = 10^{[A-B/(C+T-273.15)]} \times 1000 \quad (B.3.2)$$

式中：p_0——测试试剂的饱和蒸气压(Pa)；
A、B、C——测试试剂的安托尼常数,按本规程的表6.3.5-1确定；
T——试验温度(绝对温度)(K)。

B.3.3 以某辉绿岩的实测数据为例计算集料表面能。辉绿岩与甲苯试剂测试得到的吸附变化见表 B.3.3-1。具体步骤如下。

表 B.3.3-1 甲苯试剂的10阶蒸气吸附质量变化(20℃)

吸附阶数	蒸气压 p_U(Pa)	p_U/p_0	单位质量集料吸附蒸气质量 $n_U(10^{-3})$
1	0	0	0
2	300	0.10	0.2091
3	500	0.17	0.2607
4	700	0.24	0.2961
5	900	0.31	0.2988
6	1100	0.38	0.3422
7	1500	0.52	0.3830
8	2000	0.69	0.4400
9	2300	0.79	0.4482
10	2600	0.89	0.4943

1 步骤一：

1) 令 $x_U = p_U/p_0$,$y_U = p_U/n_U(kp_0-p_U)$,其中 $U=1,2,\cdots,10$。根据多分子层吸附理论,x_U 与 y_U 为线性关系,满足式(B.3.3-1)的关系：

$$y_U = \frac{c'-1}{kc'n_m}x_U + \frac{1}{c'n_m} \quad (B.3.3-1)$$

式中：x_U——测试试剂的各阶蒸气压值与饱和蒸气压之比，按式(6.4.1-1)计算；
y_U——由拟合参数 k 所确定，与 x_U 呈线性关系，按式(6.4.1-2)计算；
c'——与吸附热相关的常数，可由上述线性拟合直线的斜率、截距以及 k 值确定；
n_m——集料对测试试剂蒸气的单分子层饱和吸附量(g/g)；
k——拟合常数，以线性相关系数最大为边界条件进行规划求解得到。

2) x_U 与 y_U 的线性相关系数按式(B.3.3-2)计算：

$$r(x_U,y_U)=\frac{\sum_{U=1}^{V}(x_U-\bar{x})(y_U-\bar{y})}{\sqrt{\sum_{U=1}^{V}(x_U-\bar{x})^2 \sum_{U=1}^{V}(y_U-\bar{y})^2}} \quad (B.3.3-2)$$

式中：$x_U=\dfrac{p_U}{p_0}$，$y_U=\dfrac{p_U}{n_U(kp_0-p_U)}$；
p_U——第 $U(U=1,2,3,\cdots,10)$ 阶蒸气压(Pa)；
n_U——第 U 阶蒸气压下对应的单位质量集料饱和蒸气吸附量(g/g)。

3) 赋予 k 任一初始值（例如 $k=0.001$），计算 x_U 与 y_U 之间的线性相关系数 $r(x,y)$，如式(B.3.3-2)，以 $r(x,y)$ 值最大为规划求解目标，通过多次迭代，可确定 k 值。求解结果如表 B.3.3-2 所示，拟合情况如图 B.3.3-1 所示。

表 B.3.3-2 线性模型拟合计算结果

参数	k	$r(x,y)$
结果	2.5368	0.9976

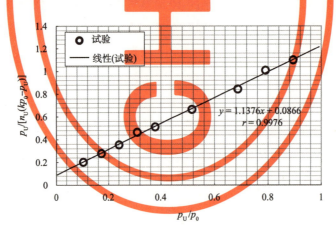

图 B.3.3-1 $p_U/[n_U(kp_0-p_U)]$ 与 p_U/p_0 线性关系示意图

2 步骤二：将图 B.3.3-1 中线性模型的斜率 K 与截距 I 代入本规程的式(6.4.1-4)和式(6.4.1-5)中，计算 n_m 及 SSA，计算结果见表 B.3.3-3。

表 B.3.3-3 吸附量和总比表面积计算结果

参数	K	I	n_m	$A(m^2/g)$
结果	1.1379	0.0866	0.3364×10^{-3}	0.7547

3 步骤三：按本规程的式(6.4.2-1)的 D-A 模型拟合集料吸附等温线（吸附数据见表 B.3.3-1），

吸附等温线拟合如图 B.3.3-2 所示,模型拟合参数结果见表 B.3.3-4。

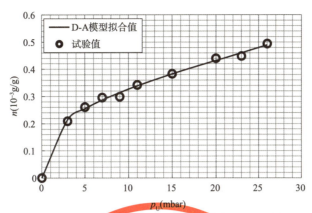

图 B.3.3-2 待测集料对甲苯试剂蒸气的吸附等温线

表 B.3.3-4 模型拟合参数

模型拟合参数	d	e	f
拟合值	0.5261	0.4506	0.8410

4 步骤四:将步骤二计算得到的比表面积 SSA、步骤三计算得到的集料吸附等温线表达式代入本规程的式(6.4.2-2),进行 $[0, p_0]$ 区间内的定积分计算,得到甲苯蒸气在待测集料表面的扩散压力 $\pi_{e1} = 51.54 \text{mJ/m}^2$。

5 采用相同的方法分别处理蒸馏水、2-戊酮蒸气在待测集料上的吸附数据,得到蒸馏水、2-戊酮蒸气在待测集料表面的扩散压力分别为 $\pi_{e2} = 151.99 \text{mJ/m}^2$ 和 $\pi_{e3} = 48.03 \text{mJ/m}^2$,将 π_{e1}、π_{e2} 及 π_{e3} 代入本规程的方程组(6.4.2-3),即可求解得到待测集料表面能,计算结果见表 B.3.3-5。

表 B.3.3-5 集料表面能参数

集料种类	表面能参数(mJ/m^2)				
	γ_S^{LW}	γ_S^+	γ_S^-	γ_S^{AB}	γ_S
示例集料(辉绿岩)	100.24	0	408.39	0	100.24

6 每种测试试剂需要进行 3 次蒸气吸附试验,计算扩散压力后取均值,采用相同方法进行待测集料表面能计算。

B.4 填料表面能计算示例

B.4.1 填料表面能计算示例适用于本规程第 7 章。

B.4.2 采用修正毛细上升法进行填料表面能测试,以某辉绿岩填料的毛细上升测试为例,计算填料的表面能,具体步骤如下:

1 步骤一:计算辉绿岩填料毛细管合成有效半径。甲苯饱和养生后的辉绿岩填料对甲苯的毛细上升试验结果如图 B.4.2 所示,对 m^2-t 关系曲线上直线 AB 部分进行线性拟合,得到斜率 $m_{tol}^2/t = 0.0314 \text{g}^2/\text{s}$,采用相同的方法分别确定其他两组平行试验结果,计算三组试验结果的均值,代入本规程的式(7.4.1)计算辉绿岩矿粉填料的毛细管合成有效半径 R_e,计算结果见表 B.4.2-1。

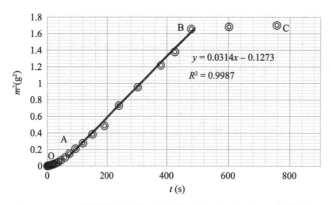

图 B.4.2 辉绿岩矿粉对甲苯毛细上升法试验数据图

表 B.4.2-1 辉绿岩矿粉填料毛细管合成有效半径

填料种类	试验组别	m^2/t 斜率 ($\times 10^{-2} g^2/s$)	平均值 ($\times 10^{-2} g^2/s$)	变异系数 (%)	有效合成半径 R_e ($\times 10^{-4}$ m)
辉绿岩填料	1	3.14	3.05	5.20	7.03
	2	2.87			
	3	3.15			

2 步骤二：计算辉绿岩填料对各测试试剂的饱和扩散压力。进行干燥辉绿岩填料分别对正己烷、2-戊酮、甲酰胺的毛细上升试验数据，如图 B.4.2 所示，确定三种测试试剂的 m^2-t 关系曲线 AB 段斜率 m_{Li}^2/t，将三种测试试剂的 m_{Li}^2/t 和填料毛细管合成有效半径 R_e 代入本规程的式(7.4.2)，计算干燥填料对各测试试剂的饱和扩散压力 $\pi_{e(ML)}$，结果见表 B.4.2-2。

表 B.4.2-2 干燥辉绿岩填料对各测试试剂的饱和扩散压力（mJ/m²）

填料种类	测试试剂		
	正己烷	2-戊酮	甲酰胺
辉绿岩填料	11.84	14.63	28.05

3 步骤三：将干燥填料对三种测试试剂的饱和扩散压力代入本规程的方程组(7.4.3)，计算填料表面能参数，结果见表 B.4.2-3。

表 B.4.2-3 辉绿岩填料表面能参数（mJ/m²）

填料种类	表面能参数				
	γ_S^{LW}	γ_S^+	γ_S^-	γ_S^{AB}	γ_S
辉绿岩填料	44.97	392.22	1.01	84.73	44.97

用 词 说 明

1 本规程执行严格程度的用词,采用下列写法:

1) 表示严格,在正常情况下均应这样做的用词,正面词采用"应",反面词采用"不应"或"不得"。

2) 表示允许稍有选择,在条件许可时首先应这样做的用词,正面词采用"宜",反面词采用"不宜"。

3) 表示有选择,在一定条件下可以这样做的用词,采用"可"。

2 引用标准的用语采用下列写法:

1) 当引用的标准为国家标准或行业标准时,表述为"应符合《××××××》(×××)的有关规定"。

2) 当引用标准中的其他规定时,表述为"应符合本规程第×章的有关规定""应符合本规程第×.×节的有关规定""应按本规程第×.×.×条的有关规定执行"。